Prabhat Ranjan Sarkar

PROBLÈMES SOCIAUX

Une réflexion politique alternative
sur les problèmes du jour et leurs solutions

Éditions Ananda Marga

Traduit de l'édition anglo-indienne par X. Satyam Bertagnolio, revu et corrigé par O. Jyotsná Caujolle.
Titre original : *Problem of the day*, 1958
Tableau de la couverture D. Dhyánesh Caujolle.
Édité et imprimé par l'association Ánanda Márga Pracáraka Saḿgha France, 1re édition.
Responsable des publications d'Ánanda Márga en Europe *(Berlin sector)* : *Ác.* Aniishánanda *Ávt.*
Éditions Ananda Marga, 153 avenue Joffre, 66000 Perpignan, France.   www.editions-ananda-marga.fr

ISBN : 978-2-907234-29-0 ; dépôt légal mai 2025

Préface

Pour son allocution devant le Congrès des jeunes, à l'occasion de l'inauguration de l'association *Renaissance Universal*, Prabhat Ranjan Sarkar a présenté à son audience une sorte d'état des lieux social et ses suggestions quant à ce qui devait être fait, ainsi que l'état d'esprit qui devait guider ses interlocuteurs dans leur action sociale. Aujourd'hui, plus de soixante-cinq ans après son discours, on ne peut que constater que ces réflexions et suggestions sont toujours à l'ordre du jour.

Un an et demi après cette allocution, l'auteur commença à formuler sa théorie progressiste de l'utilisation dont il exposa tout d'abord cinq principes fondamentaux à la fin du chapitre « La fraternité universelle »[1] d'*Idea and Ideology*, puis qu'il formula entièrement, deux ans plus tard, dans le cinquième chapitre d'*Ânanda Sûtram*, son précis philosophique.

Philosophe, écrivain, linguiste et maître de yoga, Prabhat Ranjan Sarkar a écrit sur de nombreux sujets tant spirituels que profanes. Ses écrits sociaux proposent une direction intellectuelle à l'action dans le monde en s'efforçant d'ouvrir les yeux à ses interlocuteurs sur l'état réel du

---

[1] Ce chapitre est présent dans *La Vision de la Tup* (voir p. 53) qui présente cette théorie. (ndt)

monde et sur ce que peut souhaiter accomplir celui qui s'ancre dans une réelle perspective spirituelle.

J.C.

Abréviations

(Ndt.éd.a-i) : note du traducteur de l'édition anglo-indienne ; (ndt) : note de la traductrice de la version française.

Sommaire

*Au grand héros Shrii Subhash Chandra Bose que
j'ai beaucoup aimé et aime toujours aujourd'hui.*

Une instruction pour
un monde meilleur

1. *« Dieu est mon père, la Force de la nature ma mère, et le monde ma patrie. »*

Nous sommes tous citoyens de ce monde, qui est une projection de la Pensée de Dieu. C'est au cours des phases d'extériorisation et de réabsorption de son imagination que se produisent la création, la préservation et la destruction de tout et de tous.

Lorsqu'on imagine un objet, on en est le seul propriétaire : si une personne imaginaire se promène dans un pré imaginaire, ce n'est pas elle, mais celui qui l'imagine qui est le propriétaire du pré. L'univers étant la projection mentale de Dieu *(Brahma)*, c'est à lui que revient la propriété de l'univers, et non aux êtres sortis de son imagination.

Aucun des biens mobiliers ou immobiliers de cet univers n'appartient à quelqu'un en particulier, chaque chose est l'héritage commun de tous car Dieu est le Père de tous. Tous les êtres vivants peuvent jouir d'une juste part de cette propriété[1]. En tant que membres d'une même famille,

---

[1] Comme les membres d'une famille sous le système *dáyabhága.* [Le système *dáyabhága* se caractérise notamment par le droit des femmes à l'héritage (ce qui n'est pas le cas dans d'autres parties de l'Inde que le Bengale, qui suivent un autre régime successoral). (ndt)]

les êtres humains doivent protéger et utiliser comme il se doit cette propriété. Ils doivent aussi prendre des dispositions pour que tous puissent en bénéficier à droit égal et s'assurer que chacun dispose du minimum vital pour pouvoir vivre sainement, physiquement et mentalement. Nous ne devons pas oublier un seul instant que le monde animé tout entier constitue une vaste famille. La nature n'a attribué à personne en particulier une part de cette propriété. La propriété privée a été créée par des opportunistes égoïstes qui exploitent les défauts du système pour accroître leurs biens. Puisque l'entière richesse de l'univers est la propriété commune de tous les êtres vivants, comment le Bien *(dharma[1])* pourrait-il approuver un système dans lequel certains se vautrent dans le luxe, alors que d'autres, n'ayant rien à se mettre sous la dent, deviennent faméliques et meurent lentement de faim ?

Dans une famille, chaque membre reçoit suffisamment de nourriture, de vêtements, d'éducation, de soins médicaux et de produits d'agrément pour ses besoins, selon la capacité financière de l'ensemble de la famille. Si un membre de la famille s'approprie plus de céréales, de vêtements, etc. qu'il n'en a besoin, cette personne ne cause-t-elle pas de l'affliction aux autres membres de la famille ? Dans ces conditions, ses actions s'opposent certainement à ce qui est juste *(dharma)*, elles sont assurément antisociales.

---

[1] Le terme *dharma* désigne tout à la fois la Justice, la Loi, le Devoir, la spiritualité, la Vertu, la morale, les bonnes actions, la nature profonde. (ndt)

Les capitalistes de ce monde moderne sont de même des créatures immorales ou antisociales. Pour accumuler leur immense fortune, ils réduisent les autres à des squelettes rongés par la faim et condamnés à mourir d'inanition ; pour éblouir les gens de la beauté de leurs habits, ils obligent les autres à se vêtir de haillons et pour accroître leur propre force vitale, ils sucent l'essence vitale des autres jusqu'à la dernière goutte.

On ne peut qualifier d'être social le membre d'une famille qui ne ressent pas un sentiment d'unité avec les autres membres ou s'il refuse d'accepter le noble idéal des droits communs et le principe de rationalisation.

Une idéologie spirituelle authentique ne peut reconnaître le système de propriété privée comme absolu et définitif et donc soutenir le capitalisme.

2. Dans l'intérêt de tous les êtres vivants, il est essentiel de mettre fin au capitalisme. Mais quelle méthode employer pour atteindre cet objectif ? On ne peut nier que la violence engendre la violence. D'un autre côté, rien ne garantit que l'application de force sans violence, dans l'intention de rectifier, sera efficace. Que faire alors en ces circonstances ?

L'idéal, si c'était réalisable, serait de mettre fin au capitalisme par la persuasion amicale et les appels humanitaires. La paix de la grande famille humaine serait alors dans une large mesure préservée. Cependant, quelle garantie avons-nous que tout le monde sera sensible à cette approche ? Certains prétendent qu'avec le temps et à force d'écouter ce genre d'appels et de s'en imprégner, les exploiteurs deviendront plus sensibles au bon sens. Cet argument sonne bien, et de telles tentatives ne sont pas répréhensibles, mais est-il pratique d'attendre indéfiniment que le bon sens domine chez les exploiteurs ? D'ici là, la masse exploitée aura rendu l'âme !

Bien que l'approche humaniste fonctionne dans certains cas, la plupart du temps elle ne donne aucun résultat, et même si cela marche, cela prendra longtemps. Il nous faut donc stopper la faim féroce des capitalistes par toutes les mesures qui s'imposent. On ne peut cependant pas présumer que ces mesures seront totalement efficaces, car ceux qui semblent être soumis par la peur de la loi trouveront d'autres façons de satisfaire leurs désirs. On ne peut en effet pas totalement mettre fin au marché noir, au frelatage et à la falsification, etc. par des menaces ou en brandissant l'épouvantail de la loi.

Il nous faudrait donc prendre des mesures plus radicales, à savoir, créer une gigantesque pression sur leur situation financière. L'on ne peut créer ce genre de pression sans user de la force. Ceux qui croient que « ne pas blesser » *(ahimsá)* se réduit à ne pas faire usage de la force sont condamnés à l'échec. Ce genre de pacifisme *(ahimsá)*[1] ne peut résoudre aucun problème.

3. Je ne peux approuver l'attitude de ceux qui dénoncent le capitalisme à tout bout de champ parce que cela

---

[1] « Ne pas blesser » *ahimsá* ; principe essentiel de la morale indienne est compris par une partie de la population pour de la non-violence passive. (ndt)

rend les capitalistes plus vigilants et leur permet d'inventer des méthodes plus scientifiques et détournées pour exploiter les gens. Sans idéologie constructive, on ne pourra jamais détruire le capitalisme, que ce soit en prononçant des mots doux, en employant des menaces ou en créant une pression de nature financière.

4. L'ambition de s'enrichir en exploitant les autres est un genre d'affection psychique. Si le désir infini de l'esprit humain ne trouve pas sa voie vers un accomplissement psychique et spirituel, il le pousse à accumuler des biens physiques au détriment d'autrui. Si un membre d'une famille s'approprie de la nourriture en puisant par la force ou la ruse dans la réserve familiale, il devient la cause du malheur des autres membres. De même, quand les capitalistes déclarent : « Nous avons amassé nos richesses par notre talent et notre travail. Si d'autres ont la capacité et le zèle requis, qu'ils fassent de même ; personne ne les en empêche », ils ne se soucient pas de comprendre que le volume de la production sur cette terre est limité alors que les besoins sont communs à tous. La plupart du temps, une richesse personnelle excessive prive les autres de leur minimum vital. L'insensibilité qui rend incapable de reconnaître les besoins d'autrui est une affection mentale.

Ceux qui souffrent de ce mal sont aussi des membres de la vaste famille humaine, ce sont aussi nos frères et sœurs. Il faudra donc, que ce soit par des appels humanitaires ou une pression sur leur situation financière, prendre des dispositions pour les guérir de leur mal. Ce serait un grand crime que de penser à leur destruction.

5. Même si l'on prend des mesures extrêmes, telles que des menaces et une pression sur leur situation financière, peut-on affirmer que ceux qui ont des intérêts à défendre se réformeront ? Non, ils lanceront une contre-révolution à la première occasion.

Pour libérer les gens ordinaires de l'étreinte de l'exploitation, nous devrons créer, en mesure initiale, une pression financière. Il nous faudra cependant, pour réformer le caractère de ces personnes malades, prendre des dispositions sur le long terme pour leur éducation psychique et spirituelle. La société humaine est prête à attendre le temps qu'il faut pour qu'ils se réforment, à l'aide de méthodes psychiques et spirituelles, parce que, d'ici là, leurs crocs se seront émoussés et on leur aura retiré la capacité d'exploiter en créant une pression financière [adaptée].

6. Un autre excellent exemple d'avantages indus est le système de caste. Une partie de la population a autrefois établi sa suprématie par sa connaissance et son intelligence supérieures. Aujourd'hui encore les descendants de cette partie de la population veulent que leur suprématie sociale et les possibilités d'exploitation [qui vont avec] se poursuivent sans rencontrer d'opposition !

7. Pour ne négliger ne serait-ce qu'un être vivant dans cette Création, ni ignorer la moindre partie de l'univers, ce qui est notre devoir, il nous faut, dans la mesure du possible, organiser le système industriel selon le principe de la décentralisation.

Le développement industriel d'une partie du monde ne peut remédier de manière satisfaisante à la pauvreté ou au chômage d'une autre partie. Il est donc nécessaire de créer, au niveau industriel, de nombreuses communautés autosuffisantes ; tout du moins pour les produits industriels ou agricoles que l'on considère comme essentiels au maintien de la vie. Sinon les gens souffriront énormément pendant la guerre ou autres circonstances exceptionnelles. On pourra augmenter la taille de ces communautés avec le développement des transports et moyens de communication.

8. Nous devons accepter, dans le domaine industriel, la nécessité de petites et grandes industries. Par exemple, on peut couvrir les besoins en fil nécessaires à la production de tissu d'une communauté économique par de nombreuses filatures, et ces usines peuvent permettre à de nombreuses petites industries locales de prospérer : dans les environs de chaque filature peuvent s'installer des coopératives de tissage parfaitement viables. Les tisserands auront ainsi la possibilité de tisser tout en restant à la maison. Ils n'auront plus besoin d'aller au loin, à la demande d'une grosse et lointaine usine. De plus, l'industrie du tissage ne souffrira pas, même en temps de guerre, car les machines textiles seront à portée de main.

Accepter à la fois les petites et les grandes industries ne signifie pas encourager les vieux équipements. [En harmonie] avec le développement de la science, il faut utiliser des équipements de pointe. Ceux qui s'opposent à l'utilisation du sucre en vantant les bienfaits de la mélasse, ou ceux qui font campagne contre le tissu sortant des filatures en prônant l'utilisation du tissu tissé à la main *(khadi)* ont un point de vue indéfendable. Cependant, tant qu'une mécanisation de pointe et une décentralisation scientifique n'ont pas été mises en place, il faut encourager la production de mélasse, de tissu fait à la main et autres entreprises similaires, et reconnaître leur importance pour l'économie rurale.

Là où l'industrialisation sert à piller les ressources locales à son profit, on ne soutiendra évidemment pas la politique de décentralisation. Mais là où l'industrialisation sert à satisfaire les besoins de la société, on ne peut s'opposer à la politique de décentralisation.

9. En fait, l'utilisation d'une technologie de pointe signifie une mécanisation rapide. Les gens conservateurs critiquent avec véhémence cette mécanisation. Dans un cadre capitaliste, celle-ci signifie davantage de misère, sous la forme de chômage, pour les gens ordinaires[1]. C'est pourquoi les conservateurs s'y opposent.

Si l'on veut servir le bien commun sans contrarier le capitalisme, on devrait s'opposer à la mécanisation, car chaque fois que la productivité du matériel double, le travail humain requis étant divisé par deux, les capitalistes se débarrassent d'un grand nombre de travailleurs. Quelques optimistes diront peut-être que, sous la pression, on trouvera d'autres d'emplois à ces travailleurs excédentaires, et que cet effort de reconversion accélèrera le progrès scienti-

---

[1] Il en est de même pour l'IA (l'intelligence artificielle) aujourd'hui (2025). (ndt)

fique, de sorte que le résultat final de la mécanisation sous la houlette du capitalisme sera bon. Cette opinion n'est pas dénuée de bon sens, mais elle n'a pas de valeur pratique, car il n'est pas possible de trouver du travail aux travailleurs licenciés au rythme où ils sont licenciés par la mécanisation rapide. Les travailleurs en surplus sont peu à peu détruits par la faim et la pauvreté. Un petit nombre d'entre eux s'efforcent de préserver leur existence en commettant des larcins, des vols à main armée, en se livrant à la débauche ou à d'autres activités antisociales ; une telle situation n'est certainement pas souhaitable.

Dans une économie collective, ce genre de situation malsaine ne peut pas advenir. Dans ce système, la mécanisation conduit à une diminution du travail et à un accroissement de la prospérité. Avec le doublement de la productivité de l'équipement, les heures travaillées seront réduites de moitié. La réduction du temps de travail devra bien sûr être déterminée en tenant compte de la demande en produits et de la force de travail disponible.

Dans un système économique collectif, l'utilisation bienveillante de la science conduira au bien-être humain. Il se peut que, grâce à la mécanisation, personne n'ait besoin de travailler plus de cinq minutes par semaine. N'étant plus constamment préoccupé par les problèmes d'alimentation, d'habillement, etc., l'être humain ne verra plus son potentiel psychique et spirituel gâché. Il aura suffisamment de temps pour le sport, les activités littéraires, les pratiques spirituelles, etc.

10. On ne peut nier le besoin d'un mouvement syndical lorsqu'il s'agit de sauvegarder les intérêts des travailleurs. Cependant une série de mesures appropriées s'avèrent nécessaires pour bien guider ce mouvement. On observe généralement que les dirigeants syndicaux font beaucoup moins pour faire prendre conscience aux travailleurs de leurs responsabilités que pour les rendre conscients de leurs droits et réclamations. La meilleure façon de rectifier cette situation est de reconnaître clairement aux travailleurs le droit de participer à la gestion des entreprises industrielles comme commerciales. Car des sermons idéalistes ou moraux ne donneront pas de résultat.

Un autre grand défaut du mouvement syndical est que sa direction ne reste pas toujours entre les mains des ouvriers ou des autres travailleurs. Les dirigeants politiques servant les intérêts d'un parti tendent à dominer les syndicats. Leurs objectifs principaux sont de promouvoir leur parti et non le bien-être des travailleurs.

11. L'industrie, l'agriculture, le commerce, presque tous les secteurs d'activité ont besoin, autant que possible, d'une gestion coopérative. Il faudrait pour cela accorder aux coopératives des facilités particulières lorsque cela s'avère nécessaire. Il faudrait mettre en place les protections adéquates et supprimer peu à peu la propriété privée ou le système de gestion individuelle, de certains secteurs de l'agriculture, de l'industrie et du commerce.

Seules les entreprises qu'il n'est pas commode de gérer de manière coopérative parce qu'elles sont trop petites ou à la fois petites et complexes, peuvent conserver leur gestion privée. De même, le gouvernement ou une instance locale peut prendre la responsabilité de la gestion des entreprises qui sont trop grosses ou à la fois grosses et complexes, pour être gérées de manière coopérative.

Il est souhaitable que la gestion des entreprises industrielles, agricoles et commerciales ne tombe pas entre les mains d'un gouvernement central (dans le cas d'une union ou d'une fédération d'États) ou mondial. Si c'était le cas, les gens ordinaires ne pourraient plus influencer directement, ou même indirectement, la gestion de ces entreprises. Des capitalistes, opportunistes ou politiciens égoïstes, pourraient alors facilement en prendre le contrôle et s'approprier des biens publics.

12. La tendre caresse de l'humanité doit être présente dans toutes les actions humaines. Ceux qui ont tendance à ne pas dénuer les autres, ne peuvent, s'ils s'appuient sur la justice et l'équité, accepter le principe de propriété privée. Les structures économiques du monde actuel ne sont cependant pas basées sur les droits de l'homme. Pour reconnaître ces droits humains, il faut être prêt à des changements révolutionnaires et leur faire bon accueil. La socialisation de la propriété foncière, de l'industrie et du commerce, de presque tout, est l'objectif majeur de cette révolution.

C'est délibérément que je n'utilise pas ici le terme nationalisation, qui s'appuie sur des slogans tels « Les propriétaires fonciers ne sont pas propriétaires de la terre » et « Les industriels ne sont pas propriétaires des usines » ; mais les slogans « La terre appartient à ceux qui la labourent » et « Les usines appartiennent à ceux qui manient le marteau » ne sont pas pour autant plus corrects : ce sont les gens en général les vrais propriétaires de toute la richesse du monde, d'où ma préférence pour le terme socialisation.

Parmi ceux qui soutiennent la suppression de la propriété privée, certains considèrent que l'on devrait payer un juste dédommagement avant de saisir les propriétés foncières, les usines et les entreprises commerciales. D'autres considèrent qu'avec l'immense exploitation que les propriétaires capitalistes de ces entreprises ont perpétuée, la question des indemnisations ne se pose pas. Si le paiement des indemnités se poursuit longtemps, il est tout à fait vrai que cela nuira au progrès général. On ne peut donc soutenir la proposition d'acheter les propriétés des capitalistes.

Il est aussi vrai que les propriétaires de ces biens ne sont pas toujours en bonne santé ou en bonne situation financière. Le propriétaire d'un bien peut être une veuve sans défense ou une personne très âgée et invalide. Il faudrait alors certainement leur verser une pension. S'il se trouve que le propriétaire d'un bien est un mineur, nous devrons bien sûr, absolument, lui verser une pension couvrant ses dépenses courantes et ses frais de scolarité. Même au cas où le propriétaire serait un homme fort et en bonne santé, s'il n'a pas d'autres sources de revenu, il nous faudra lui proposer des possibilités d'emplois appropriés à ses qualifications et capacités.

13. Ceux qui frémissent à la vue de différents vices sociaux et se lamentent : « Tout est perdu, il n'y a plus de vertu, il n'y a plus de moralité… » devraient se rendre compte que c'est l'injustice sociale qui est la principale cause derrière ce prétendu avilissement général.

C'est à cause des injustices perpétrées contre les femmes dans le domaine des droits sociaux, et parce que les femmes sont handicapées économiquement, qu'une partie des femmes est forcée de se prostituer[1]. Bien que cette profession ait de nombreuses causes, ce sont les deux principales.

Selon l'Ánanda Márga[2], les femmes sont des êtres humains aussi dignes de respect que les hommes. L'Ánanda Márga veut de plus encourager les femmes à être économiquement indépendante des hommes. Le système dans lequel des hommes dépravés paradent dans la société tandis que des femmes déchues sont privées de toute opportunité, malgré leur désir sincère de mener une vie honnête ne pourra jamais avoir l'approbation de la justice. La société doit donner une place respectable aux femmes qui désirent mener une vie honnête.

14. Le système de la dot est un autre exemple flagrant d'injustice sociale. Dans mon livre *La Société humaine vol.1*, j'ai mentionné que le système de la dot a deux causes

---

[1] Nous sommes encore, en 1958, à peu de temps de la sortie de la deuxième guerre mondiale où de nombreux hommes, soutiens de famille, ont perdu la vie. (ndt)

[2] L'école de pensée de l'auteur. (ndt)

majeures : la première est économique et la seconde est la disparité numérique entre les femmes et les hommes [présente dans certains pays]. Avec la diminution de la dépendance des femmes vis-à-vis des hommes, l'inégalité du système de la dot disparaîtra. Mais pour accélérer ce processus, il est essentiel d'insuffler des idéaux élevés aux jeunes hommes et femmes. Nos fils et filles ne sont pas des marchandises comme le riz, les haricots secs, le sel, l'huile et le bétail dont on discute le prix sur la place du marché.

15. Crier : « Paix ! Paix ! » est devenu à la mode dans le monde d'aujourd'hui. Peut-on accomplir quoi que ce soit par de tels cris ? La seule façon d'établir la paix est de lutter contre les facteurs qui la troublent. Dans la vie personnelle de chaque être humain, il y a un combat permanent entre une pensée bienveillante et une pensée malveillante, entre connaissance *(vidyá)* et ignorance *(avidyá)*. Parfois le bien *(vidyá)* l'emporte, parfois le mal *(avidyá)* prend le dessus. Dans la vie sociale également, ce combat entre le bien et le mal continue.

La force du bien doit combattre celle du mal et dans ce combat si, et tant que, le bien est victorieux, on connaît un certain type de paix que l'on appelle paix vertueuse *(sáttvikii)*. De même, quand la malveillance triomphe, se forme un certain type de paix que l'on appelle paix sombre *(támasikii)*. Nous constatons donc que la paix est quelque chose de relatif.

La paix absolue, permanente, ne peut s'établir dans la vie collective, car l'univers créé s'inscrit dans un processus d'expression matérielle *(saiṇcara)* et de spiritualisation *(pratisaiñcara)*, l'expression matérielle étant dominée par la force matérialisante *(avidyá)*, et la spiritualisation par la force spiritualisante *(vidyá)*[1]. Une paix permanente (qu'elle soit sombre ou vertueuse) dans l'univers signifierait la cessation des activités de l'une ou l'autre de ces forces ou des deux à la fois. L'univers ayant pour fondement ces deux forces, nous affirmons qu'une paix généralisée dans l'univers ne pourrait s'établir que s'il y avait destruction de tout l'univers *(pralaya)*, concept lui-même illogique. Les êtres humains sont cependant tout à fait capables d'atteindre à la paix absolue individuellement, par la pratique spirituelle *(sádhaná)*. D'un point de vue temporel, je considère cet état comme la réabsorption [en Dieu] *(pralaya*[2]*)* de la vie individuelle.

Là où les fonctionnaires sont forts, les individus statiques, antisociaux, font profil bas. Un certain genre de paix domine alors le pays et c'est cela que j'appelle « paix vertueuse ». Là où les employés de l'État sont faibles, les gens vertueux gardent la tête basse devant la prédominance des individus antisociaux. C'est aussi un genre de paix que j'appelle « paix sombre ».

La paix sombre n'est du tout une situation souhaitable. Supposez qu'un groupe de gens provenant d'une

---

[1] Pour une présentation plus détaillée du système cosmologique de l'auteur, voir [*Sublime Spiritualité, la philosophie mystique du yoga*, 2020, ou] *Idea and Ideology*, 1959. (Ndt.éd.a-i)

[2] Le sens philosophique de *pralaya* est « réabsorption ». Au niveau d'une personne, *pralaya* renvoie à sa libération spirituelle et non à sa mort physique. (Ndt.éd.a-i)

même région opprime ou attaque les habitants de la même région ou d'une autre région. Dans ces circonstances, si tous les autres restent des témoins muets ou ont recours à la négociation, au compromis ou à l'accord mutuel comme unique solution, on doit bien comprendre qu'ils encouragent la paix sombre.

Supposez qu'un homme ait apparemment de bonnes relations avec ses voisins, mais qu'il soit visiblement sur le point de tuer sa femme, que devront faire ses voisins ? Resteront-ils les lèvres serrées, assis, les bras croisés en considérant l'affaire comme purement domestique, facilitant de cette façon le meurtre de la femme et contribuant ainsi à l'établissement de la paix ténébreuse ? Non, ce n'est pas la conduite requise *(dharma)* des êtres humains. Ils devront au contraire se ruer vers la maison, fracasser la porte, sauver la femme, prendre les mesures qui s'imposent contre l'homme tyrannique, contribuant de cette manière à l'établissement de la paix vertueuse.

De même, si un pays commet des atrocités sur ses minorités ou attaque un pays voisin faible, les autres pays limitrophes devront, si besoin, résister à l'oppresseur par la force des armes et contribuer de cette manière à l'établissement de la paix vertueuse.

Il est donc nécessaire pour ceux qui ont envie d'établir la paix vertueuse d'acquérir de la force. Des chèvres ne peuvent établir la paix vertueuse dans une société de tigres.

On doit déplorer que ceux qui sont d'avis que ne pas nuire *(ahiṁsa)* signifie ne pas faire usage de la force ne puissent jamais établir de bonne paix ni défendre leur liberté durement gagnée. Que leur déclaration de pacifisme soit une fourberie ou une manœuvre pour cacher leurs faiblesses, il ne sera jamais possible d'établir la paix véritable par ce type d'approche.

16. Chaque atome et chaque molécule de cet univers sont la propriété commune de tous les êtres vivants. Il faut faire de cette reconnaissance une affaire de principe. Une fois que l'on a reconnu cela, des déclarations telles que : « Ceci est indigène, cela est étranger », « Untel a les qualités requises pour devenir citoyen de ce pays, pas les autres » et « Telle communauté obtiendra tels droits politiques, ni plus ni moins », perdent toute pertinence. Ces déclarations sont en fait l'expression d'intérêts acquis. Si les habitants d'un pays souffrent d'un manque de terre ou de nourriture alors que ceux d'un autre pays ont de la terre et de la nourriture en abondance, ne s'agit-il pas d'une forme de capitalisme ?

Tout le monde a le droit de voyager et de s'établir partout où cela lui chante et d'y vivre dignement, c'est son droit. Si certains groupes, dans un pays quel qu'il soit, refusent de reconnaître ce droit fondamental des êtres humains, c'est que leurs slogans de paix ne sont que des canulars, ils sont destinés à duper les gens. Que dire de cette terre minuscule, chaque planète, satellite, étoile, météore et galaxie est la patrie des êtres humains ! Si qui que ce soit veut retirer ce droit aux gens, les êtres humains devront l'établir par la force.

Tous les pays sont ma terre natale,
je me battrai pour ma patrie.

Tagore

17. L'absence de conscience collective est la source de tous les maux. Les forts commettent atrocités et injustices sur les faibles, des groupes humains puissants en exploitent d'autres qui sont impuissants. Dans ces circonstances, c'est le devoir des gens vertueux de faire la guerre aux oppresseurs. Il ne sert à rien d'attendre tranquillement que la prédication morale porte ses fruits. Tous les gens vertueux doivent donc s'unir et, en même temps, se préparer à une lutte sans relâche contre les personnes malfaisantes.

On ne peut pardonner à ceux qui commettent des atrocités sur la communauté ou un groupe humain. Dans ce cas, pardonner traduirait non seulement de la faiblesse, mais encouragerait aussi l'injustice, car les oppresseurs deviendraient encore plus tyranniques. Dans la sphère privée, si une personne innocente est opprimée par des individus malhonnêtes, la personne en question peut, si elle le désire, pardonner à ses oppresseurs, juste pour mettre à l'épreuve sa capacité de tolérance ou pour d'autres raisons. Mais si les oppresseurs torturent un groupe d'humains, un représentant de ce groupe de personnes ne peut à lui seul leur pardonner, et cette personne n'en a pas le droit. Si les actions du représentant ne relèvent pas de sa juridiction, il sera dénoncé par le groupe qu'il représente. On doit donc dire que pardonner relève de l'individu.

18. Plus l'esprit humain devient magnanime et ouvert, plus il s'élève au-dessus de l'esprit de clan, du communautarisme, du provincialisme[1], etc. J'ai souvent entendu affirmer que le nationalisme est un sentiment appréciable et qu'il est dépourvu d'étroitesse. Mais est-ce vrai ? Le nationalisme est tout aussi relatif que l'esprit de clan, le communautarisme ou le provincialisme. En certains lieux il a plus de sens que ces sentiments, en d'autres lieux moins.

Considérons, par exemple, le cas d'un communautariste musulman et celui d'un nationaliste portugais. L'objet mental d'un communautariste musulman est plus grand que celui d'un nationaliste portugais, parce que le premier souhaite le bien-être d'un plus grand nombre de gens que le second. En effet, les musulmans sont en nombre plus important dans le monde que les Portugais. Vu sous cet angle, je ne peux dénoncer les sentiments d'un communautariste musulman si je les compare à ceux d'un nationaliste portugais. Il faut de même reconnaître que les sentiments d'un membre de la communauté *rajput*[2] sont plus étendus que ceux d'un nationaliste portugais car le premier souhaite le bien-être de plus de gens que ce dernier. Les sentiments d'un provincialiste *andhrite*[3] devront également être considérés comme plus vastes que ceux d'un nationaliste portugais. De même, si l'on est provincialiste avec soixante-quinze millions de Bengalis[4], il faut reconnaître que ce sentiment est plus étendu que le nationalisme de la

---

[1] Au sens canadien ; notamment ici les États de l'Inde. (ndt)
[2] Les membres de la caste guerrière *(kśatriya)* du nord de l'Inde. (ndt)
[3] Habitant de l'État indien de l'Andhra Pradesh. (ndt)
[4] En 1958 ; elle dépasserait les cent millions en 2025. (ndt)

plupart des pays du monde. (La population du Bengale étant supérieure à celle de la plupart des pays du monde.)

Nous voyons donc que le communautarisme, le sentiment de caste, le provincialisme et le nationalisme sont tous également défectueux. Ceux qui sont capables de tirer profit de l'un de ces sentiments le défendent avec volubilité. Chacun de ces sentiments souffre en fait du mal d'un système partisan et est rempli d'étroitesse, de violence, d'envie, de mesquinerie, etc. Ceux qui s'engagent dans l'action sociale en y introduisant des sentiments de « ce qui est à moi » et « ce qui est à toi », aggravent considérablement les divisions de la société humaine.

Ceux qui veulent le bien de tous les êtres humains, en s'affranchissant de tout esprit de classe, ne peuvent qu'embrasser l'universalisme de tout leur cœur car il n'y a pas d'autre voie. L'universalisme est totalement dépourvu des caractéristiques des systèmes partisans car l'universalisme n'est pas une doctrine. Si l'on considère toute personne comme faisant partie des siens, nul n'est au-delà du cercle de ses amis et parents. Il n'y a alors naturellement plus de place pour la violence, l'envie, l'étroitesse, etc.

19. Plus le temps passe, plus l'éclat du sentiment de caste, du provincialisme, du communautarisme et du nationalisme s'estompe. Les êtres humains d'aujourd'hui doivent comprendre que dans un avenir proche ils devront véritablement accepter l'universalisme. Ceux qui cherchent à promouvoir le bien de la société devront donc mobiliser toute leur vitalité et toute leur intelligence dans un effort pour établir une structure organisationnelle mondiale, renonçant à tous plans de formation d'organisations communautaires ou nationales. Ils devront se consacrer à des activités constructives et vertueuses et éviter de recourir à la duplicité.

Nombreux sont ceux qui disent que les intérêts nationaux sont les seuls obstacles à la formation d'une organisation mondiale ou d'un gouvernement mondial. J'affirme que ce ne sont pas les seuls obstacles et qu'il s'agit même d'une difficulté mineure. L'obstacle principal est la peur de perdre leur pouvoir des dirigeants locaux. Avec l'établissement d'un gouvernement mondial, la domination totale qu'ils exercent aujourd'hui sur leurs pays, sociétés et nations respectives s'achèvera.

Les intérêts nationaux divergents et le scepticisme de la population peuvent bloquer la formation d'un gouvernement mondial. Pour apaiser les peurs non fondées de la population, il faut accomplir cette tâche pas à pas. Les obstacles devront être franchis avec l'esprit ouvert et le gouvernement mondial devra être consolidé progressivement, et non soudainement. On pourra par exemple, pour diriger le gouvernement mondial, avoir recours pendant un certain temps à deux chambres. La chambre basse sera composée de représentants de différentes parties [pays] du monde élus sur la base de la population tandis que les membres de la chambre haute seront élus par pays. Cela permettra aux pays qui ont une trop faible population pour être représentée à la chambre basse de faire entendre leur voix devant le peuple du monde grâce à leur représentation à la chambre haute. La chambre haute ne votera pas de projet de loi s'il n'a pas été voté au préalable par la chambre basse, mais la chambre haute se réservera le droit de rejeter les décisions de la chambre basse.

Au début le gouvernement mondial ne devrait fonctionner que comme un corps législatif. Le gouvernement mondial devrait aussi avoir le droit de prendre des décisions concernant l'application ou la non-application de toute loi, pour une durée déterminée, dans une région donnée.

Dans la première phase de l'établissement du gouvernement mondial, les gouvernements des différents pays n'auront qu'un pouvoir administratif. N'ayant plus autorité sur l'établissement des lois, il leur sera plus difficile de commettre arbitrairement des atrocités sur leurs minorités linguistiques, religieuses ou politiques.

20. Avec les avancées technologiques, la maîtrise de l'espace et du temps par l'être humain continuera peu à peu à se développer. La nécessité d'un gouvernement mondial se fera alors encore plus pressante. Les habitants d'une région du monde en viendront progressivement à interagir de plus en plus avec les habitants des autres régions et devront alors s'efforcer de mieux se comprendre. L'humanité a de nombreuses langues. Chaque langue est notre langage, notre langue à nous tous. Dans ce contexte, des sentiments tels que : « Ma langue/ta langue » ou « langue indigène/langue étrangère » sont totalement défectueux. Nous pouvons seulement dire que nous avons de nombreuses langues, mais que je peux m'exprimer dans une ou plusieurs d'entre elles.

Bien que toutes les langues soient dignes d'un égal respect, il faut choisir une langue commune pour faciliter les échanges d'idées entre les gens des différentes régions du monde. Il faudra accepter, avec un esprit d'ouverture, la langue la plus parlée dans le monde comme langue mondiale. Avant que l'on investisse le gouvernement mondial d'une complète autorité administrative, les États des différentes régions du monde pourront adopter, à leur gré, la langue mondiale ou une langue locale comme langue nationale. Quelle que soit la langue nationale choisie, l'État concerné ne pourra se permettre de négliger l'apprentissage de la langue mondiale. En aucune circonstance pouvons-nous nous couper du reste du monde comme des grenouilles dans un puits ou nous séparer de nos frères et sœurs du monde entier au nom du nationalisme ; en aucune circonstance devrions-nous mourir en nous fracassant la tête dans l'obscurité.

Bien que l'anglais soit à présent la langue mondiale, toutes les langues naissent et disparaissent. On ne peut donc prétendre que l'anglais occupera cette place pour l'éternité. Il faudra reconnaître la langue la plus répandue dans le monde à une époque donnée comme la langue mondiale de cette époque.

21. Une écriture mondiale est moins nécessaire pour le peuple mondial qu'une langue mondiale. Il ne faut cependant pas nier que l'apprentissage des langues serait facilité si les différentes langues étaient écrites avec une seule et même écriture.

De toutes les écritures en usage dans ce monde, l'écriture latine est la plus scientifique. Si l'on utilise cette écriture pour toutes les langues parlées, on sera pourtant confronté à certaines difficultés pratiques. En outre, les gens ont un faible pour leur écriture régionale. À mon avis, il vaut mieux que la décision d'utiliser ou non l'écriture romaine pour les différentes langues soit laissée aux peuples qui parlent ces langues. Plus il y a de gens qui apprennent l'écriture latine en tant qu'écriture mondiale, mieux c'est.[1]

Il n'est pas de règle que l'écriture de la langue mondiale d'une période donnée soit forcément l'écriture mondiale de cette même période. C'est l'écriture que l'on aura jugée la plus scientifique de l'époque qui sera l'écriture mondiale. L'étude de la langue mondiale de l'époque devrait se faire dans cette même écriture.

22. Comparée à la langue mondiale, une écriture mondiale est de moindre nécessité tandis qu'un vêtement mondial n'est absolument pas nécessaire. Pourquoi n'y aurait-il qu'un type de vêtement dans le monde ? À mon avis, même les habits nationaux de certains pays ne sont pas souhaitables.

Les gens choisissent leurs vêtements suivant le climat et l'environnement locaux, selon leurs besoins physiques et professionnels, et il est donc mieux de ne pas critiquer les vêtements de qui que ce soit. Dans l'Est de l'Inde et le

---

[1] En Inde il y a de nombreuses écritures différentes ; le hindi, le bengali, le tamoul ont tous les trois une écriture différente bien que les écritures hindi et bengali soient très semblables par exemple. (ndt)

Pakistan de l'Est [aujourd'hui le Bangladesh] par exemple, l'habit normal est le *lungi*, le *dhoti* [vêtements d'homme couvrant le bas de corps] et le *punjabi* [un genre de chemise pour homme], mais les hommes portent des pantalons, comme ils sont tenus de le faire, lors de leur travail à l'usine. Dans le nord-ouest de l'Inde et le Pakistan de l'Ouest [aujourd'hui le Pakistan] également, alors que l'habit traditionnel est le *páyjámá* [pantalon ample] et le *sheroyánii* [un autre genre de chemise d'homme], les paysans ne portent jamais ces vêtements quand ils labourent la terre. Dans ces circonstances, la question de savoir quel vêtement est bon et quel vêtement est mauvais ne se pose pas.

23. L'humanité n'a qu'une culture. Je ne suis pas disposé à reconnaître qu'il y a de nombreuses cultures. Tout ce que l'on peut dire c'est que les danses, les chants, les prononciations et les fêtes des différents groupes de la famille humaine ont leurs particularités locales. On ne peut considérer ces particularités locales, qui concernent les usages, comme des cultures séparées.

Ni la loi ni un régime dictatorial ne peuvent supprimer ces différences de mœurs entre les êtres humains. Si, sous prétexte d'unité nationale ou humaine, l'on essaie de détruire les usages locaux, les langues et autres conventions sociales, cela aura, selon toute probabilité, comme conséquence d'intensifier la méfiance mutuelle et la violence, ce qui détruira peu à peu la vie collective.

Je suis pour la synthèse sociale. À mon avis, plus les gens se fréquentent intimement et plus un coin de terre se rapproche d'un autre coin de terre, plus les usages locaux se transforment et se renouvellent suite à ce brassage constant. Les fleurs de jardins différents s'assemblent et se mêlent en un bouquet. La beauté de l'ensemble n'est pas moindre que celle des fleurs individuelles, elle lui est même supérieure. La mélodie du *dhupada*[1] se transformera en *kheyal*[2], tandis que la musique classique se changera en *kiirtana, bául, bhátiyálii, járii, darbeshi*,[3] etc.

Si différents pays, ou si les gens de communautés prétendues différentes, montrent de l'enthousiasme pour renforcer leurs interactions sociales et leurs liens matrimoniaux, une synthèse sociale peut s'opérer en très peu de temps. Dans les cités cosmopolites, nous constatons les effets positifs de cette synthèse dans une certaine mesure.

24. La population mondiale augmente rapidement. Beaucoup naturellement s'en sont alarmés. Dans les pays capitalistes, il y a de bonnes raisons de s'inquiéter car dans ces pays, une augmentation de la population signifie l'appauvrissement de la population.

Un système économique collectif ne donne, lui, pas les mêmes raisons de s'alarmer. Si des pénuries de nourriture ou de logement affectent une population, les gens, par leurs efforts collectifs, convertiront des régions incultes en

---

[1] Le *dhrupada* est la plus ancienne et pure forme de musique classique du nord de l'Inde. (Ndt.éd.a-i)

[2] Le *kheyal* est une forme tardive et modifiée de la musique classique du nord de l'Inde. (Ndt.éd.a-i)

[3] Ce sont différents styles de musique bengalie (cantiques et chants folkloriques) (Ndt.éd.a-i)

nouvelles terres arables, augmenteront la productivité du sol par des méthodes scientifiques et produiront de la nourriture à partir de la terre, de l'eau et de l'air par des processus chimiques. Si la Terre se vide de ses ressources, le peuple du monde ira sur d'autres planètes et satellites à la recherche de nouvelles terres.

Dans les pays capitalistes, si des personnes ont recours à la contraception pour éviter que leur famille souffre financièrement, on ne peut les en blâmer. En revanche, on ne peut approuver les méthodes contraceptives qui déforment le corps des hommes et des femmes ou qui détruisent à jamais leur capacité reproductive car cela peut engendrer en eux une forte réaction mentale.

25. La science progresse rapidement, elle avance et elle continuera d'avancer. Nul ne peut freiner le progrès de la science en la critiquant. Ceux qui s'y essayent resteront eux-mêmes à la traîne, ils seront rejetés par le monde moderne.

Il est certain que les êtres humains seront capables d'accroître la longévité humaine par des techniques scientifiques. Dans certains cas, ils pourront même ramener des cadavres à la vie. Accélérer la venue de ce jour de science prometteur est assurément un service important à rendre à la société.

Les êtres humains apprendront aussi un jour à produire des bébés humains en laboratoire. Il sera alors peut-être possible pour les êtres humains de commander leurs enfants et d'obtenir des enfants conformes à leurs choix. Pourquoi ces bébés de laboratoire devraient-ils être en retard sur les humains modernes en termes de richesse intellectuelle et spirituelle ? Ceux qui aujourd'hui s'opposent à la science lancent le défi : « Que l'être humain démontre qu'il peut produire des êtres vivants ! » En produisant des bébés de laboratoire, les êtres humains du futur donneront la réponse qui convient à leur défi.

Le développement de l'intuition rendra l'être humain plus enclin à la spiritualité. L'être humain de demain accomplira de plus en plus ce qui est aujourd'hui directement fait par le Créateur *(Saguṅa Brahma)*. À cette époque, la capacité reproductrice du corps humain disparaîtra progressivement.

26. La politique des partis est l'un des facteurs qui font ou tentent de faire obstacle à l'unité humaine. Elle est en fait encore plus dangereuse que des germes pathogènes. Dans la politique des partis, tous les aspects raffinés de l'esprit humain, tels la simplicité et l'esprit de service, sont lentement mais sûrement réduits à néant. On vous respecte plus pour votre affiliation au parti que pour votre talent, et s'aider soi-même et non aider autrui devient le principal objectif ; on s'intéresse plus au poste ministériel qu'au bien du peuple, et la tromperie des masses, les revirements politiques, etc. sont des réalités des plus courantes.

Au lieu de se corriger, les politiques s'efforcent d'utiliser leur éloquence. Ils connaissent les faiblesses du public, et n'hésitent pas, pour s'emparer du pouvoir et s'y cramponner, à inciter une partie de la population à s'opposer à une autre. Le public doit rester vigilant pour ne pas tomber dans les pièges de ce genre d'individus.

Les politiciens veulent mettre le nez dans tous les aspects de la vie : social, religieux, éducatif, littéraire, etc. Sous le charme hypnotique du pouvoir, ils oublient que l'expérience et la sagesse dans les différents domaines de la vie ne s'acquièrent pas simplement en débitant de pompeux slogans sur une tribune.

27. Les personnes honnêtes et bienveillantes doivent se tenir soigneusement à l'écart des intrigues politiques. On peut se demander si en l'absence d'intrigues politiques, des gens honnêtes seront à même de former par eux-mêmes un gouvernement ou de servir l'État. A-t-on besoin de la mainmise d'un groupe ? En réponse à cette question je dirais que les personnes honnêtes qui veulent véritablement servir [la cause du] bien humain, et qui croient en un gouvernement mondial et aux idéaux d'une heureuse famille universelle *(ánanda parivára)*, doivent posséder un esprit de coopération mutuelle. Ils peuvent former des groupes visant un service exclusivement social (et non des intrigues politiques), mais il n'est pas approprié que ces groupes se présentent à des élections.

Les gens devraient voter pour les êtres humains les plus méritants, pas pour les candidats peu méritants sur la liste d'un parti.

Pour servir les intérêts du parti, un parti peut encourager secrètement quelque chose à laquelle il s'oppose publiquement : communautarisme, provincialisme, sentiment de caste, etc. ne sont pas considérés comme mauvais dans la mesure où cela sert l'intérêt du parti ! Or la seule identité des êtres humains est qu'ils sont humains, des êtres vivants. La politique partisane tente de le faire oublier aux gens, s'efforce de réduire en poussière la richesse psychique des êtres humains avec le rouleau compresseur des intérêts du parti.

28. Tant que la création existe, la lutte entre le bien et le mal continue. Les politiciens ennemis de la spiritualité ne sont pas à même d'arrêter cette lutte par de beaux discours ou par un lâcher de blanches colombes. Pour lutter contre le mal, les êtres humains doivent acquérir de la force. Ils ont besoin pour cela de la force des armes, de la force psychique et de la force spirituelle, des trois à la fois.

Les professionnels hypocrites ne feront jamais de pratiques spirituelles. Même s'ils font de beaux discours sur la spiritualité pour servir leurs propres intérêts, ils ne sont pas à même d'inspirer les gens ordinaires à adopter des pratiques spirituelles[1], parce qu'ils sont eux-mêmes dépourvus de la force de caractère requise. Profondément écœurés par la duplicité de tels meneurs, les gens ordinaires ne trouvent en eux aucun des éléments nécessaires à l'accroissement de leur richesse psychique. Les politiciens en viennent finalement à se reposer uniquement sur la force des armes. On voit alors que la force brutale est leur seul refuge.

29. Les tromperies verbales de la politique partisane peuvent dérouter temporairement les masses populaires, en

---

[1] On ne parle pas ici de pratiques rituelles mais de pratiques de développement intérieur. (ndt)

particulier lorsque les politiciens sont de bons orateurs. Par leur éloquence, les politiciens essaient d'échapper aux conséquences de leurs méfaits. On constate que les politiciens n'hésitent pas à faire souffrir des millions de gens si cela sert l'intérêt de leur parti ou accroît leur pouvoir et position personnels. Le peuple, mû par son sens du devoir, doit traîner devant les tribunaux les politiciens coupables.

En se contentant de faire quelques discours enflammés à des personnes de moindre intelligence, les protagonistes de la politique partisane réduisent à néant tous les espoirs et aspirations des petites gens et compromettent leur prospérité. [À la suite de ces discours] les gens ordinaires ont l'esprit brouillé d'idées bizarres et se retrouvent dans le désarroi.

30. La lutte entre le bien et le mal existera toujours, et l'on aura donc toujours besoin d'une certaine force de police ou militaire. Cependant, quand le gouvernement mondial sera établi, ce besoin diminuera.

Le combat entre le bien et le mal étant permanent, il y aura toujours un certain degré de lutte de classes. C'est pourquoi ceux qui rêvent qu'après l'établissement d'une société sans classe, ils pourront dormir du sommeil du juste, les bras et les jambes étendus, seront grandement déçus.

31. Il est essentiel de maintenir le système éducatif complètement libre de toute interférence politicienne. L'État est responsable financièrement du système éducatif, mais seuls les éducateurs et les universités doivent avoir le droit d'élaborer des cours, la méthodologie éducative, de préparer le programme, etc., l'État peut leur donner des conseils, mais ne peut pas les leur imposer. Il peut faire des propositions, mais ne peut faire pression pour qu'elles soient acceptées.

La même chose s'applique aux réseaux audiovisuels, au cinéma, etc., qui ont un rôle essentiel dans l'éducation de masse. Il n'est pas admissible qu'ils se convertissent en instruments de propagande d'un parti.

32. On peut se poser la question : « Est-il possible d'établir le gouvernement mondial et une heureuse famille universelle *(ánanda parivára)* sans bagarre ? » Je dirais en réponse : « Oui. » Si ceux qui aspirent à établir le gouvernement mondial, la famille universelle, ne se consacraient qu'à des activités constructives ou à du service désintéressé, au lieu de gaspiller leur énergie vitale dans les tourbillons de la politique ou dans des conflits politiques, ils accompliraient la plus grande avancée sociale de l'humanité. Il leur faudra poursuivre leur service envers la société avec un engagement sans faille, sans la moindre arrière-pensée.

On peut considérer que les États qui collaborent avec ces missionnaires dans leurs activités au service de la société sont désireux d'établir le gouvernement mondial, la famille universelle. Les populations des États qui ne collaborent pas s'agiteront, et ce sont elles qui établiront la famille universelle par la révolution. Les missionnaires n'ont pour cela pas besoin de descendre dans l'arène sale de la politique partisane.

Ceux qui veulent guérir la société de son mal devront garder un œil sur chaque personne, parce que la réforme collective réside dans la réforme individuelle. Il n'est pas possible d'élever le niveau général en faisant simplement de beaux discours dans des réunions politiques. Seule l'éducation psychique et spirituelle peut créer de vrais sages *(sadvipra)*. Je réserve l'appellation de *sadvipra* à ceux qui sont établis dans l'éthique spirituelle *(yama* et *niyama[1])* et qui sont pénétrés de pensée universelle.

Les dirigeants politiques ne peuvent créer des *sadvipra* en haranguant les gens dans les réunions politiques, [devenir un *sadvipra*] exige de la droiture et une pratique de purification personnelle. Qui plus est, quel genre de personne va à ces réunions faire des discours ? Ne sont-ce pas celles qui ont recours à la médisance pour servir les intérêts de leur parti ? Elles sont pour la plupart aveuglées par l'obsession du pouvoir, que peuvent-elles apprendre aux autres ? qui sont alors *comme des aveugles guidés par un aveugle[2]*.

33. On ne peut considérer la démocratie comme la plus haute ou la meilleure forme de gouvernement. Parmi les systèmes que l'être humain a conçus jusqu'à présent, on peut considérer la démocratie comme la meilleure d'un

---

[1] *Yama* comprend : l'innocuité, la véracité bienveillante, l'honnêteté, la simplicité de vie, la vision spirituelle ; *niyama* : la pureté, le contentement, le sacrifice, l'étude, la méditation spirituelle. (Lire *Un Guide de conduite humaine, yama-niyama les principes moraux et spirituels du yoga*, de l'auteur, France, 2024.) (ndt)

[2] *(Andhenaeva niiyamáná yathándháh.) (Katha Oupanishad)*

mauvais lot. Si l'être humain peut concevoir un meilleur système dans l'avenir, il nous faudra l'accepter sans réserve. L'être humain a découvert de nombreux défauts à la démocratie et a déjà commencé à les rectifier.

Dans le système démocratique, obtenir le plus grand nombre de votes détermine l'élection [(le choix)] d'une personne. Cette élection n'est cependant pas convenablement vérifiée dans tous les cas. À mon avis, la popularité d'un ou d'une candidate obtenant le plus grand nombre de votes doit être évaluée à nouveau s'il ou elle obtient moins de la moitié des suffrages. Dans cette évaluation, il faut faire en sorte que les gens puissent voter pour ou contre le candidat. C'est seulement si le ou la candidat(e) obtient plus de voix favorables [que de défavorables] qu'il ou elle peut être déclaré(e) élu(e).

On ne peut déclarer un candidat élu sans élection. Cependant, il se peut que des personnes riches et influentes obligent, par des avantages pécuniaires ou l'intimidation, d'autres candidats à retirer leur candidature. Si l'on découvre qu'un seul candidat se présente, il faut évaluer sa popularité [en faisant en sorte que les gens puissent voter pour ou contre le candidat]. Si ce candidat échoue à cette évaluation, on le privera du droit de se présenter à cette élection, de même que tous ceux qui avaient retiré leur candidature. Cela veut dire qu'ils devront attendre l'élection suivante.

Bien que le système de réservation de sièges[1] soit contraire aux principes démocratiques, des dispositions temporaires peuvent être prises, si souhaité, pour les communautés arriérées[2]. L'on constate généralement que les communautés arriérées ne peuvent trouver qu'un tout petit nombre de représentants de qualité en leur sein. Le droit de se présenter aux sièges réservés ne doit donc pas être limité aux membres de la communauté en question. Lors de l'élection primaire du candidat au siège réservé, seuls les membres de la communauté pour laquelle le siège a été réservé auront le droit de voter. Deux personnes seront choisies [par cette communauté] pour ce siège lors de cette élection. L'un des deux sera ensuite finalement élu par le grand public. Si l'élection primaire ne désigne qu'un seul candidat – autrement dit s'il n'a pas d'adversaire – il faut évaluer sa popularité auprès du grand public. On ne réservera des sièges pour une communauté arriérée ou minoritaire que si celle-ci en fait clairement la demande.

Un candidat doit déclarer par écrit sa politique. Après l'élection, s'il s'avère qu'un candidat agit à l'encontre de

---

[1] Dans ce système, des sièges parlementaires (et aussi des postes administratifs) sont réservés à des sections particulières de la société, généralement des communautés moins avancées ou des minorités. (Ndt.éd.a-i)

[2] « Communautés arriérées » fait référence aux communautés qui n'ont pas encore eu accès aux différents services qu'offre la société et à l'éducation. (Les communautés arriérées devraient bénéficier d'un traitement préférentiel de la part du gouvernement jusqu'à l'élimination de la pauvreté). (Ndt.éd.a-i)

la politique qu'il a déclarée et que les faits sont prouvés devant la cour, son élection sera annulée.

Le slogan « le droit de vote à tous les adultes » sonne bien sûr très bien, mais on ne peut nier le fait que les électeurs sans conscience politique affaiblissent l'appareil étatique. Dans l'intérêt général, il est souhaitable que les gens sans instruction ou relativement moins instruits, n'aient pas le droit de voter.

La démocratie est une farce dans un pays à la population sous-éduquée. Dans ces pays, les individus fourbes et malhonnêtes obtiennent ou achètent très facilement les votes des gens analphabètes. En outre, la population d'un tel pays se laisse facilement influencer par le sentiment de caste ou le communautarisme qui s'y propagent.

Le succès de la démocratie dépend de la présence d'un électorat instruit et raisonnable. Dans un pays démocratique, le progrès de l'éducation est donc la priorité numéro un. Pour faciliter l'accès du grand public à l'éducation, le système éducatif doit être gratuit ; il doit aussi être libre de l'emprise gouvernementale, sans quoi le parti au pouvoir étendra sa propagande à l'éducation, et les fréquents changements de gouvernement entraîneront de fréquents changements dans le système éducatif, le mettant en péril. Également, on ne permettra pas au système éducatif de promouvoir de doctrine autre que l'universalisme.

Nous devons éveiller la soif de savoir chez les élèves et leur apprendre également la révérence, le dévouement, l'ordre et la discipline. En même temps, il faut leur inculquer l'esprit scientifique. Si l'on éveille l'amour de la science dans l'esprit des élèves, ils seront imperméables à la superstition et aux doctrines ronflantes. Les élèves acquerront facilement les qualités qui leur permettront de devenir de vrais sages *(sadvipra)*.

34. Le cycle social se déroule en permanence. Après l'ère prolétaire vient celle des guerriers puis celle des intellectuels, enfin, celle des commerçants[1]. Ensuite, après une révolution des prolétaires[2], dans la deuxième rotation *(parikránti)* du cycle social, apparaît un nouvel âge guerrier : celui des guerriers qui organisèrent la révolution prolétarienne. Le cycle social progresse ainsi, même tout l'idéalisme du monde ne peut en freiner la progression.

Une époque succède à une autre. Il y a une évolution *(kránti)* lors de la fin d'une époque et l'arrivée d'une autre. On peut parler pour désigner la période de transition à la fin d'une époque et au commencement d'une autre, d'un âge de transition *(samkránti)*. Nous appellerons cycle d'évolution *(parikránti)* une rotation complète du cycle social, à savoir, d'une révolution prolétarienne à la révolution prolétarienne suivante. À chaque époque se dégage

---

[1] *(shúdra, kśatriya, vipra* et *vaeshya)*.

[2] La révolution prolétarienne se produit quand les guerriers et les intellectuels sont réduits à la condition de prolétaires par l'exploitation lors d'une ère capitaliste. (Ndt.éd.a-i)

une classe sociale *(varṅa[1])* particulière, qui est à la fois dirigeante et exploiteuse[2].

L'univers et la société appartiennent à tous. Chaque particule de poussière de l'univers est la propriété commune de chacun d'entre nous, et il n'est donc pas bien du tout de permettre à une classe sociale en particulier de perpétuer sa domination. La rotation du cycle social se poursuivra et pour cette raison la lutte des justes *(sadvipra)* contre la suprématie de l'une ou l'autre des classes sociales devra aussi se poursuivre.

La société appartient à tous mais l'on confiera sa direction aux sages impartiaux *(sadvipra)*. On ne peut confier la responsabilité de diriger la société aux guerriers car ils s'efforceront de renforcer la domination guerrière. Ils exploiteront les non-guerriers et suceront les os des faibles jusqu'à la moelle. De même, on ne peut confier la responsabilité de diriger la société aux intellectuels car ils tenteront d'établir le règne des intellectuels. Ils exploiteront et suceront les os et la moelle des non-intellectuels. On ne peut pas non plus confier la responsabilité de diriger la société aux commerçants/capitalistes car ils essayeront d'imposer la direction des capitalistes. Ils exploiteront les non-capitalistes et suceront les os et la moelle des masses

---

[1] Le mot sanscrit *varṅa* signifie littéralement « couleur ». Cela désigne ici la coloration psychique dominante, ou caractéristique psychique, de chacune des quatre classes sociales du cycle social. (Ndt.éd.a-i)

[2] Cela s'applique aux guerriers, aux intellectuels et aux capitalistes. La classe prolétaire, elle, ne dirige ni n'exploite pas les autres classes sociales. (Ndt.éd.a-i)

laborieuses. Quant aux prolétaires, ils ne peuvent occuper la direction de la société, les lauriers de la victoire décorent donc, dans une révolution prolétarienne réussie, le front des guerriers.

On ne peut confier la responsabilité de diriger la société qu'aux sages impartiaux car ils sont bien établis moralement et spirituellement *(yama et niyama)* : ils sont imprégnés de pensées universelles.

Il ne fait aucun doute que le cycle social va continuer. La règle est que la prédominance des guerriers, celle des intellectuels et celle des commerçants se succèdent ; si les sages contrôlent le cœur et centre de la société, il se peut que ces classes sociales gagnent une certaine importance, mais elles ne pourront jamais obtenir tous les pouvoirs.

Les vrais sages n'auront jamais de repos. Ils devront continuer leur combat sans relâche. Cette lutte est la vie même des êtres vivants. Sans cette lutte, la création cesserait. Les vrais sages sont à la fois intellectuels, guerriers et commerçants. Les placer au cœur de la société signifie la victoire de chaque classe sociale.

35. Tous les mouvements sont pulsatifs. Si l'on rend plus rigoureuse la contraction dans la phase de contraction, la phase d'expansion qui suit se traduit alors par un grand bond en avant. L'on peut alors parler de révolution *(viplava)* pour qualifier la progression résultant de ce grand bond en avant. De même, si l'on prolonge, de force, la phase d'expansion, la phase de contraction suivante aura une plus grande inertie.

Si une période quelconque retourne à la période précédente par la force – si au cours de l'âge capitaliste l'on revient à l'âge intellectuel ou si au cours de l'âge intellectuel l'on revient à l'âge guerrier – nous pouvons appeler cela une contre-évolution *(vikránti)*. Semblablement, lorsque le mouvement du cycle social fait un grand bond en arrière, on parle de contre-révolution *(prativiplava)*. Ni les contre-évolutions ni les contre-révolutions ne durent longtemps.

Dans le monde moderne d'aujourd'hui, certains pays sont encore manifestement dans une ère guerrière ou dans une ère intellectuelle. La période capitaliste est présente dans la plupart des pays développés. Dans un petit nombre de pays, un nouvel âge guerrier est apparu à la suite d'une révolution prolétarienne, et dans un ou deux endroits, nous pouvons même voir les signes de l'émergence d'un nouvel âge intellectuel.

36. Une juste idéologie spirituelle est la seule solution aux problèmes auxquels le monde doit faire face. De ce point de vue nous pouvons qualifier l'idéologie de l'Ánanda Márga de pierre philosophale. Tout comme la pierre philosophale peut transformer tout en or, l'idéologie de l'Ánanda Márga peut, sans aucun doute, trouver une solution juste et rationnelle lorsqu'on l'applique à un problème quel qu'il soit.

37. Les désirs humains sont infinis. Si l'on permet à ces désirs humains infinis de courir après les objets de plaisir temporels cela engendrera sans aucun doute des conflits entre êtres humains. Les ressources matérielles étant limitées, la surabondance de l'un cause le dénuement de l'autre. Les êtres humains ne peuvent satisfaire leurs désirs illimités que par la richesse psychique et spirituelle. Dieu *(Brahma)* a généreusement pourvu les êtres humains d'une richesse psychique et spirituelle infinie ; l'humanité se doit de bien utiliser cette ressource.

Seules l'unité et l'intelligence bienveillante conduiront les êtres humains à l'épanouissement suprême. Pour éveiller cette intelligence bienveillante, lire de volumineux traités de philosophie ne sert à rien, pour l'éveiller, il faut suivre sincèrement les principes de l'éthique spirituelle *(yama* et *niyama)* dans sa vie personnelle. Pour établir l'unité, la société devra choisir une idéologie non affectée par les différences spatiales, temporelles ou personnelles. C'est pourquoi seule l'idéologie universelle est à même d'être l'étoile polaire de notre vie.

J'ai déjà dit que ceux qui sont établis dans l'éthique spirituelle – qui sont imprégnés de pensées universelles – sont les véritables sages *(sadvipra)*. Eux seuls peuvent représenter les êtres humains. Eux seuls peuvent servir les êtres vivants de manière désintéressée. Les gens reconnaîtront ces sages par leur conduite, leur dévouement désintéressé à servir, leur sens du devoir et leur intégrité morale.

Ces vrais sages déclareront avec fermeté : « Tous les êtres humains sont une seule et même espèce. Tous ont des droits égaux. Les êtres humains sont frères et sœurs ! » Ces *sadvipra* avertiront les exploiteurs de la société sur un ton comminatoire : « Nous ne permettrons pas l'exploitation des êtres humains ! » « Nous ne tolérerons pas l'hypocrisie religieuse ! » Faisant, à la société humaine fragmentée, un claironnant appel, ils proclameront à tue-tête sous le drapeau safran, symbolisant leur service et leur sacrifice : « Êtres humains du monde entier, unissez-vous ! » et ils chanteront en chœur :

> *Allons ensemble, mettons-nous à l'unisson,*
> *Que nos esprits se rejoignent dans la connaissance,*
> *Comme les sages du passé, accordons-nous dans le*
> *   partage.*
> *Unissons notre aspiration, unissons nos cœurs,*
> *Unissons nos esprits, Que nous allions d'un parfait*
> *   ensemble.*[1]
>
> *(Rig Véda)*

26 janvier 1958, discours d'inauguration de *Renaissance Universal*, Conférence des jeunes, Trimohan, Bhagalpur, État du Bihâr, Inde

---

[1] *Sam gacchadhvam sam vadadhvam, Sam vo manámsi jánatám, Devá bhágam yathá púrve samjánáná upásate. Samánii va ákútih, Samáná hrdayáni vah, Samánam astu vo mano Yathá vah susahásati.*

Annexes

L'éthique spirituelle

Yama

- La bienveillance (ne pas blesser ni nuire) – *ahiṁsá* : ne pas faire de mal, ni blesser quiconque par la pensée, la parole ou l'action.

- La Vérité attentionnée – *satya* : l'utilisation bienveillante de sa pensée et de ses paroles.

- L'honnêteté – *asteya* : renoncer au désir même de s'approprier de façon illégitime le bien d'autrui. *Asteya* signifie « ne pas voler ».

- La pratique de Dieu/[voir Dieu en tout et tous] – *brahmacarya* : avoir toujours sa pensée absorbée en Dieu.

- Vivre simplement – *aparigraha* : renoncer à tout ce qui n'est pas nécessaire à la préservation de l'existence physique.

Niyama

- La propreté et la pureté – *shaoca* : propreté du corps et pureté de l'esprit. On se purifie mentalement par la bonté envers toutes les créatures et la charité, en œuvrant au bien des autres et en étant dévoué.

- Le contentement – *santośa* : c'est être content avec ce que l'on a[1], il est essentiel de s'efforcer d'être toujours joyeux.

---

[1] Cependant, si l'on est honteusement exploité ou que l'on n'a pas de quoi vivre décemment, l'on doit se battre pour que cela change. Il s'agit ici de ne pas en faire trop pour avoir toujours plus. (ndt)

- Se sacrifier/la pénitence – *tapah* : on appelle la mortification physique que l'on s'impose pour atteindre à son but [spirituel] une pénitence. Le terme pénitence inclut aussi le jeûne, rendre service au guide spirituel, à ses parents ainsi que les quatre types de service : envers nos ancêtres, les autres êtres humains, les animaux et les plantes, et Dieu. Pour les étudiants, la principale pénitence est l'étude.

- La lecture spirituelle – *svádhyáya* : étudier les Écritures et les ouvrages philosophiques de sorte à en comprendre le sens véritable.

On peut également pratiquer l'étude spirituelle en participant régulièrement à la réunion de méditation et en fréquentant des personnes spirituellement élevées, mais cette forme d'étude spirituelle ne vaut que pour ceux qui ne sont pas capables d'étudier de la manière susdite.

- La pratique de l'abandon de soi au Seigneur (notamment dans la méditation) – *Iishvara prańidhána* : C'est avoir une foi ferme et à toute épreuve en Dieu *(Iishvara)*, dans la peine comme dans la joie, dans la prospérité ou dans l'adversité, et se considérer en toutes circonstances comme l'instrument de Dieu et non comme celui qui dirige cet instrument, dans toutes les activités de la vie.

Pour des explications détaillées lire, de l'auteur : *Un Guide de conduite humaine, yama niyama, les principes moraux et spirituels du yoga*, éditions Ananda Marga, France, 2015, 2024.

Ouvrages de l'auteur

– *La Vision de la Tup, la Théorie de l'Utilisation progressiste* (recueil)
– *Libérez l'intellect ! vers un Nouvel humanisme* (suivi d'un recueil sur le Nouvel humanisme)
– *La Pensée de P.R. Sarkar* (Florilège de courts extraits, deuxième partie sur ses écrits sociaux)
– *La Société humaine 1 et 2*
– *Aux Patriotes*
– Et de nombreux recueils anglophones (*Prout*[1] *in a Nutshell* (21 tomes) et *A Few Problems solved* (9 tomes)
– *Une Promenade spirituelle en ce monde* (contient un ou deux textes sociaux)

L'auteur a également écrit de nombreux ouvrages spirituels sous son nom *Shrii Shrii* Ánandamúrti. Vous trouverez la liste de ceux disponibles en français (et aussi ses ouvrages sociaux), et où les trouver, sur le site des éditions Ananda Marga :

www.editions-ananda-marga.fr

---

[1] (Prononcé praote), pour **Progressive Utilization Theory**. (ndt)